Entdeckungsbuch: Lesen • Erkunden • Verstehen

URUK
Keilschrift
Gilgamesch

Ein Entdeckungsbuch für junge Leser
zur antiken Großstadt URUK in Mesopotamien,
der Keilschrift und dem sagenhaften Helden Gilgamesch
und zur Sonderausstellung

URUK - 5000 Jahre Megacity

Vorderasiatisches Museum
im Pergamonmuseum, Berlin

LWL-Museum für Archäologie
Westfälisches Landesmuseum Herne

Staatliche Museen zu Berlin
Preußischer Kulturbesitz

LWL
Für die Menschen.
Für Westfalen-Lippe.

DOG
DEUTSCHE
ORIENT-GESELLSCHAFT E.V.

INSTITUTUM ARCHAEOLOGICUM GERMANICUM

ROSENI

2. Auflage 2013

Grafik und Gestaltung: ROSENI Verlag
Konzeption u. Redaktion: Susanne Birker
Wiss. Beratung: Margarete van Ess, Birthe Hemeier, Joachim Marzahn, Ralf-B. Wartke
Koordination und Bildredaktion: Eva Gramlich, Geraldine Saherwala
Druck: Druckerei Tolek, Mikolow

Realisiert mit großzügiger Unterstützung der **Staatlichen Museen zu Berlin, Vorderasiatisches Museum und Olaf M. Teßmer, Fotograf.**

Bibliografische Information der Deutschen Nationalbibliothek:
Die Deutsche Nationalbibliothek verzeichnet diese Publikation in der Deutschen Nationalbibliografie; detaillierte bibliografische Daten sind im Internet über http://dnb.d-nb.de abrufbar.

ISBN 978-3-944732-00-8

Inhaltsverzeichnis

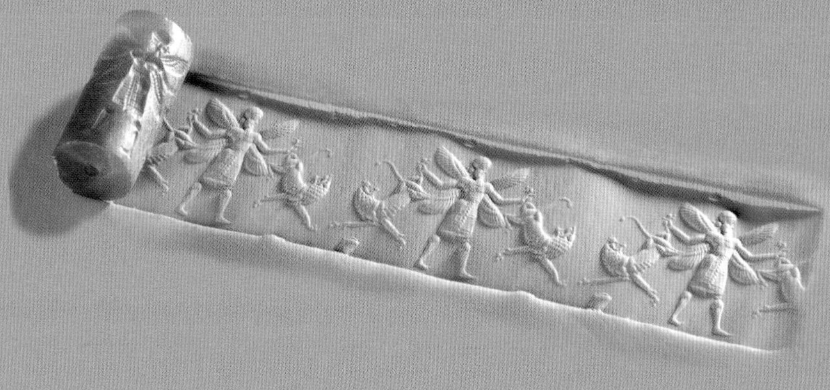

Mesopotamien – Land der Ideen und Erfindungen

Der Name Mesopotamien stammt aus dem Griechischen und heißt frei übersetzt: „Zweistromland“.

Die beiden Ströme sind der Euphrat und der Tigris. Das einstige Mesopotamien gehört heute zum größten Teil zum Irak.

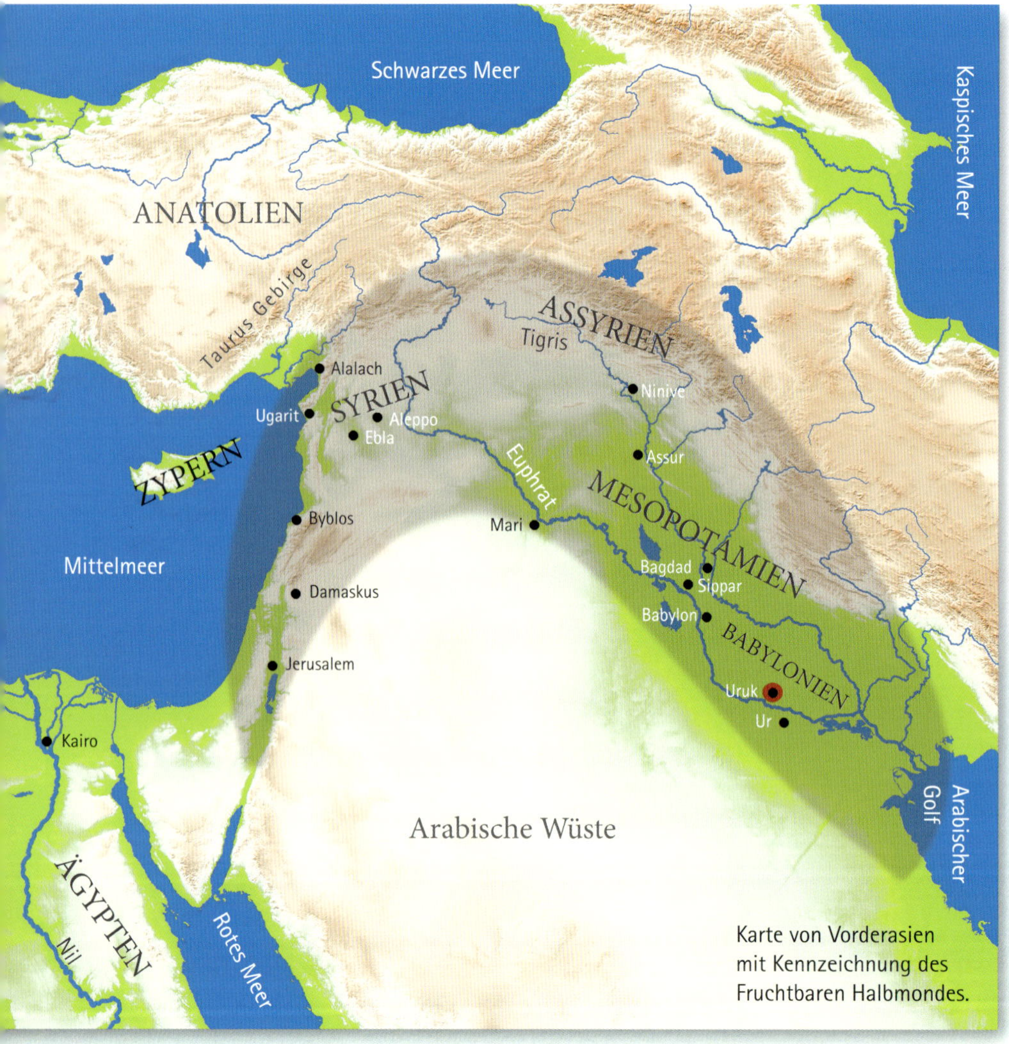

Karte von Vorderasien mit Kennzeichnung des Fruchtbaren Halbmondes.

Der südliche Teil Mesopotamiens, etwa der Bereich, der auf der Karte als Babylonien bezeichnet wird, wurde schon im 7. Jt. v. Chr. besiedelt. Eine ergiebige Landwirtschaft und ausreichend Baumaterial für Behausungen waren die besten Voraussetzungen, damit viele Menschen auf relativ kleinem Raum leben konnten.

Aus Lehm der Überschwemmungsgebiete formten die Menschen luftgetrocknete Ziegel.
In der Nähe von Babylon gab es Bitumen. Das ist ein sehr zähflüssiges Erdölgemisch, mit dem z.B. Dächer wasserdicht gemacht werden können.
Hochwertiges Bauholz war allerdings Mangelware und musste teilweise über hunderte von Kilometern herbeigeschafft werden.

Diese Tontafel aus der Anfangszeit der Schrift ist vermutlich eine Schreibübung.
Die ältesten bisher bekannten Tontafeln mit Schriftzeichen wurden in Uruk gefunden. Etwa 1.200 verschiedene Schriftzeichen haben die Schreiber verwendet.

Diese Tontafel wurde zwischen 3300 und 3000 v. Chr. beschrieben. Sie enthält eine Liste mit 58 verschiedenen Bezeichnungen im Zusammenhang mit Schweinen.

Aus der Zeit der frühen Siedler stammen die ältesten Keramikgefäße. Irgendwann um 3500 v. Chr. wurde hier die schnell drehende Töpferscheibe erfunden. Mit ihrer Hilfe ließen sich runde Gefäße viel schneller und in Massen herstellen.
Die neuen technischen Verbesserungen und das enge Zusammenleben vieler Menschen führte zu neuen Ideen: War es nicht besser, jeder macht nur noch die Arbeit, die er oder sie am besten kann? Gegenstände des täglichen Bedarfs wurden schon lange untereinander getauscht. Durch die Spezialisierung auf bestimmte Herstellungsverfahren und die technischen Verbesserungen konnte mehr und schneller produziert werden. Mit dem Überschuss konnte der Handel ausgeweitet werden.
So hatte jeder Einzelne Vorteile davon.

Die schnell anwachsende Siedlung benötigte bald eine gut organisierte Verwaltung und Planung sowie Spezialisten für verschiedene technische Probleme.

Um die einzelnen Handelswaren besser überblicken zu können, begannen die Menschen vor über 5.000 Jahren damit, sich Notizen zu machen. Aus einfachen Listen, die Mengen und Waren bezeichneten, entwickelte sich langsam eine umfassende Schrift. Mit ihr konnten die Menschen etwa 500 Jahre später bereits ganze Geschichten aufschreiben.

Was hat das Paradies mit einem Halbmond zu tun?

Haben Archäologen den so genannten „Garten Eden“, das Paradies von Adam und Eva, jemals gefunden?
Nein, das haben sie nicht. Es steht zwar in der Bibel im 1. Buch Moses, Kap. 2, wo sich das Paradies befinden soll: „Ein Fluss entspringt in Eden (...); dort teilt er sich und wird zu vier Hauptflüssen. (...) Der dritte Fluss heißt Tigris; (...) der vierte Fluss ist der Euphrat.“
Aber die Menschen, die die biblischen Geschichten erzählt und aufgeschrieben haben, kannten offenbar das Land.
Die Überschwemmungen der Flüsse Euphrat und Tigris machten die Erde so fruchtbar, dass reiche Ernten eingefahren wurden. Die Menschen hatten dort immer genug zu Essen und konnten sogar Vorräte anlegen. Für die dortige Bevölkerung wirklich paradiesische Zustände!

Gibt es in der Region des „Zweistromlandes“, dort wo Tigris und Euphrat fließen, dem heutigen Iran und Irak, weitere Besonderheiten?
Anfangs haben die Menschen wie überall woanders auch vom Jagen und Sammeln gelebt. Hier haben sie aber zum ersten Mal in ihrer Entwicklung nicht nur wild wachsende Pflanzen gesammelt, sondern das Wildgetreide auch gezielt angebaut. Hier haben sie zum ersten Mal nicht nur wild lebende Tiere gejagt, sondern Schafe und Ziegen gezähmt und als Nutztiere gehalten.

Warum ausgerechnet dort? Wildgetreidesorten, die ursprünglich aus Anatolien stammten, konnten auf den fruchtbaren Böden der Flussebenen angebaut werden und gediehen prächtig. Das muss die Menschen schnell überzeugt haben. Zudem gab es in dieser Region ganz besondere wildlebende Ziegen und Schafe, die sich von den Menschen zähmen ließen.
Bei den Forschern wurde diese Region daher auch „Fruchtbarer Halbmond“ genannt, weil sie sich halbmondförmig über das Zweistromland, das heutige Israel,

Die Abrollung dieses Rollsiegels aus Uruk aus der Zeit um 3000 v. Chr. zeigt Schafherden, die von Hirten geführt werden.

Die Ähren des Einkorn, einer Getreidesorte, die schon seit über 10.000 Jahren angebaut wird.

den Libanon, Syrien und Irak, bis in den Westiran erstreckt. Das kann man auf der Karte auf Seite vier gut erkennen.

Warum haben das die Menschen in Mitteleuropa nicht auch so gemacht?
Die Menschen in Mitteleuropa haben Tierzüchtung und Getreideanbau erst viele tausend Jahre später von Einwanderern gelernt, die ihre Nutztiere, ihr Saatgut und ihre Erfahrungen mitbrachten. In unserer Region gab es keine geeigneten Wildtiere, die leicht in der Gefangenschaft des Menschen gehalten werden konnten und sich auch noch vermehrten. Ebenso keine Wildpflanzen, die problemlos angebaut werden konnten und ohne Düngung Erträge lieferten. Es war viel schwieriger, in unserem Klima und mit unseren Böden Landwirtschaft zu betreiben.

Haben die Menschen ihre Lebensweise durch diese neuen Ideen verändert?
Ja, das haben sie. Statt weiterhin auf der Suche nach jagdbaren Tieren oder essbaren Pflanzen herum zu ziehen, konnten sie feste Behausungen bauen, in der Nähe ihrer neuen Felder, ihren Tierherden und bei ihren Vorräten bleiben. Wenn Menschen so leben, nennt man das „Sesshaftigkeit“. Es wurde einfacher, mit Hilfe der neu gewonnenen Vorräte, große Familien zu versorgen und Siedlungen zu gründen. Damit waren die besten Voraussetzungen geschaffen für die späteren Städte in Mesopotamien wie Uruk oder Babylon.

Jungsteinzeitliche Sichel aus dem Museum in Haifa, Israel. In den bogenförmigen Tierknochen sind Feuersteinklingen eingesetzt, die als Schneide dienen.

Mahlstein und Läufer, wie sie auch von den frühen Getreidebauern in Syrien zum Mahlen von Getreide verwendet wurden.

Paradies mit Hindernissen

Das Paradies wird in der christlichen Religion auch Garten Eden genannt. Der sumerische Begriff „Gu-edena" bedeutet so viel wie „Rand der Steppe".

Eine Steppe ist eine karge, meist baumlose Landschaft, die im Winter manchmal kalt und im Sommer oft trocken und heiß ist.
Der Rand der Steppe, also dort, wo Flüsse ausreichend Wasser zur Verfügung stellen, könnte paradiesisch schön sein. Denn mit ausreichend Wasser versorgt, wachsen Früchte und Nahrungsmittel im trockenen, warmen Klima besonders gut und keiner muss hungern.

Das Zweistromland, die fruchtbare Ebene zwischen den Flüssen Euphrat und Tigris könnte so ein Paradies sein. Schließlich trocknen die Flüsse dort trotz der sommerlichen Hitze nicht aus und überschwemmen mit ihrem Hochwasser im Frühjahr weite Landbereiche. Dort grünt und gedeiht anschließend fast alles.

Leider hat die Sache einen Haken, denn der Euphrat tritt immer dann über die Ufer, wenn man es am wenigsten brauchen kann, nämlich zur Erntezeit. Und zur Zeit der Aussaat, wenn die jungen Pflanzen viel Wasser brauchen, herrscht Wasserknappheit. Wenn man das in den Griff bekommen könnte, das wäre paradiesisch.

Schon um 4500 v. Chr. wurden Felder in der Ebene um Uruk und in weiten Bereichen Südmesopotamiens intensiv bebaut und mit einem weit verzweigten Kanalnetz bewässert. Gleichzeitig wurden Schutzwälle angelegt, die vor ungewollter Überschwemmung schützten. Es gab große Wasserspeicher, um die Bewässerung zum richtigen Zeitpunkt durchführen zu können.
Auf einigen Keilschrifttafeln ist das umfassende Wissen über Bewässerungstechnik, das die Sumerer schon vor

Mit einem ausgeklügelten Bewässerungssystem, das mit Wasser aus Euphrat und Tigris gespeist wurde, konnten die Erträge aus der Landwirtschaft gesteigert und Nahrung für viele tausend Menschen produziert werden.

etwa 5.000 Jahren besaßen, festgehalten. Sie hatten mit Hilfe von Entwässerungskanälen große Sumpfgebiete in der Ebene trocken gelegt und so zusätzliche Anbauflächen gewonnen. Mit ihrer klugen Wasserwirtschaft konnten sie üppige Ernten einfahren, eine wichtige Voraussetzung dafür, dass tausende von Menschen in großen Städten wie Uruk auf engem Raum leben und ausreichend mit Nahrung versorgt werden konnten. Mit ihrer Bewässerungstechnik konnten sie so viele Nahrungsmittel und tierische Produkte erwirtschaften, dass sie die Überschüsse sogar gegen wertvolle Rohstoffe und Luxusartikel eintauschen konnten.

Grünes Gold aus dem Sumpf

Die großen Sumpfgebiete im Süden Mesopotamiens waren mit Schilf bewachsen. Auch nachdem die Sumerer die Sümpfe weitgehend trocken gelegt hatten, wuchs noch ausreichend Schilf entlang der Flüsse und Kanäle. Die Schilfpflanze war für die Sumerer eine der wichtigsten Nutzpflanzen überhaupt: Die Blätter wurden als Viehfutter genutzt. Die Stängel der ausgewachsenen Pflanze waren das ideale Baumaterial für Schilfhütten, Schilfboote oder kleine Möbel. Außerdem wurden sie zur besseren Festigkeit großer Gebäude zwischen den Lehmziegellagen verbaut. Aus den Pflanzenhalmen konnten Weidezäune, Matten, Körbe, Hüte und andere Kleidungsstücke geflochten werden. Schilfhalme waren das Rohmaterial für Fackeln und Pfeilschäfte, für Flöten und vor allem für Schreibgriffel. Ohne Schilfrohr hätte es vermutlich keine Keilschrift gegeben. Und zu guter Letzt konnte altes, getrocknetes Schilfrohr noch als Brennmaterial für Back- und Töpferöfen verwendet werden. Wenn man weiß, welche große Rolle Schilf im Leben der Sumerer gespielt hat, versteht man gut, warum Schilfrohrbündel als Erkennungszeichen für eine der wichtigsten Göttinnen, nämlich Inanna-Ischtar, verwendet wurden.

Diese Abrollung eines Rollsiegels aus der Zeit um 3000 v. Chr. zeigt eindrucksvoll die vielfältige Verwendung des Schilfrohres. Nicht nur das Boot ist aus Schilf gebaut, sondern auch der kleine Altar oder Schrein auf dem Rücken des Stieres, auf dem sich oben noch zwei Schilfringbündel befinden. Der Schiffsaufbau im vorderen Drittel des Bootes scheint ebenso aus Schilfrohr gefertigt zu sein, wie der Flechtrock des Priesterfürsten aus Schilfblättern.

Bildcollage (Satellitenaufnahme und
digitale Rekonstruktion des Stadtgebietes von Uruk):
- Deutsches Zentrum für Luft- und Raumfahrt e.V.
- Deutsches Archäologisches Institut, Orient-Abteilung
- IKONOS Satellite imagery kindly provided by European Space Imaging
- artefacts-berlin.de.

Großstadt URUK in Zahlen ...

300.000.000	Ziegel wurden für die Stadtmauer verbaut.
49.000	Funde wurden bisher in Uruk registriert.
40.000	Einwohner – manche meinen bis zu 50.000 – hatte Uruk um 3000 v. Chr.
13.800	Keilschrifttafeln wurden bisher in Uruk gefunden.
5.000	Jahre lang war Uruk bewohnt.
2.500	Quadratmeter groß war das Wasserbecken im Inanna-Ischtar-Tempelkomplex. Das ist so groß wie zwei heutige Sportschwimmbecken nebeneinander.
2.000	Jahre lang war Uruk die größte Stadt der Welt.
800	Türme besaß die Stadtmauer um Uruk.
450	Fußballfelder hätten in der Stadt Uruk in etwa Platz gehabt.
300	mal 300 Meter groß war der Inanna-Ischtar-Tempelkomplex in Uruk.
100	Jahre erforschen deutsche Archäologen bereits die Stadt.
95	Prozent des Stadtgebietes von Uruk sind noch unerforscht.
40	Ausgrabungskampagnen wurden bisher in Uruk durchgeführt.
35	Siedlungsschichten sind bisher in Uruk nachgewiesen.
26	Meter ist der heutige Schutthügel der ehemaligen Stadt Uruk hoch.
19	Meter hoch war der Siedlungshügel von Uruk schon im Jahr 3400 v. Chr.
15	Meter breit war das Südtor in der Stadtmauer, durch das Kanalwasser aus Uruk zurück in den Euphrat geleitet wurde.
10	Meter breit waren die Kanäle in Uruk.
9	Kilometer lang, etwa ...
8	Meter hoch und mindestens ...
5	Meter breit war die Stadtmauer von Uruk.

Hier steckt die Liebe im Detail

Die Gebäude Uruks waren aus luftgetrockneten Lehmziegeln gebaut. Manche der Bauten waren prachtvoll ausgestaltet. Ihre Außenwände hatte man mit hunderttausenden kleinen, farbigen Tonstiften verziert. Sie wurden, einem bestimmten Muster folgend, mit aufgemauert. Die aufwendige Farbgestaltung der Fassade hob einige besondere Gebäude erkennbar hervor.

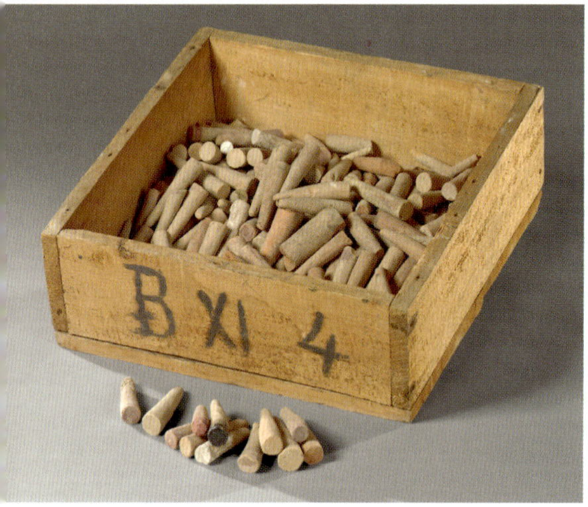

Tausende solcher Tonstifte schmückten die Fassaden wichtiger Gebäude in Uruk.

Im Magazin des Berliner Museums lagern noch heute Holzkisten, angefüllt mit Tonstiften aus Uruk. Durch sie lässt sich die Farbigkeit der früheren Zentralbauten noch erahnen.
Im Fundamentbereich – vor allem von Tempelgebäuden – wurden kleine Figuren aus Ton, Stein oder Metall gefunden. Meistens stellen sie den Bauherren dar, der fast immer ein Herrscher oder ein hochgestellter geistlicher Würdenträger war. Diese steinerne Gründungsfigur stellt einen Mann mit gepflegtem Bart, Lockenfrisur und zum Gebet gefalteten Händen dar. Die eingravierte Inschrift auf seinem Rock besagt, dass König Lugalkisalsi von Uruk den Tempel für die Göttin Nammu errichten ließ.

Auch Tempelbauten konnten mit der Zeit baufällig werden oder einfallen. Wenn dann an gleicher Stelle ein Tempelneubau errichtet wurde, ließ der neue Bauherr nach den alten Gründungsfiguren der früheren Erbauer suchen. Sie bekamen auch unter dem neuen Tempel wieder ihren Ehrenplatz zusammen mit der Gründungsfigur für den Tempelneubau.

Diese Rekonstruktion von Halbsäulen aus einem Hof des Eanna-Heiligtums in Uruk zeigt, wie eine Tonstiftfassade in der Zeit um 3400 v. Chr. ausgesehen hat.

Digitale Rekonstruktion des Bit Resch-Tempelbezirkes, wie er etwa im 3. Jh. v. Chr. ausgesehen hat.

Fremde, seht und staunt!

„Ihr seid fremd hier? Kommt, ich zeige Euch einen kleinen Teil meiner Stadt, in dem ich als Lehrling bei der Gestaltung der Wandfriese mithelfen darf.

Unsere Tempelbauten können sich auch sehen lassen. Sie sind zwar aus luftgetrockneten Lehmziegeln errichtet, aber ihre Fassaden sind farbig gestaltet und wirken überaus prächtig. Die Außenwände sind durch Vorsprünge und Nischen abwechslungsreich gegliedert. Entlang der Dachkante bilden glasierte Ziegel einen farbigen Fries mit Tierbildern. Seht selbst, könnt ihr sie erkennen? Es sind Löwen und geflügelte Stiere. Sie sind die Begleittiere unserer mächtigen Götter.

Aber auch unsere Vorfahren haben die Tempelbauten schon mit prächtigen Verzierungen geschmückt. Vor etwa 3.000 Jahren waren vor allem Schilfringbündel, Rosetten, Schafe und Rinder als Schmuckelemente sehr beliebt."

Bruchstücke von Fassadenverzierungen aus dem Eanna-Heiligtum aus der Zeit des 4. Jt. v. Chr.: Schilfringbündel, Rosette, Schaf und Rind.

Inanna-Ischtar – die mächtige Göttin von URUK

Gewitter, Stürme, Überschwemmungen, Seuchen und wilde Tiere waren in den Augen der Menschen in Mesopotamien das Ergebnis übernatürlicher Kräfte.
In ihrer Vorstellung gab es verschiedene göttliche Wesen, die sich diese Aufgaben teilten. Überall wirkten göttliche Mächte: Sie konnten Flüsse austrocknen lassen oder Brunnen mit Wasser füllen, sie konnten üppige Ernten bescheren oder katastrophale Missernten verursachen. Sie konnten durch Mondfinsternisse den Himmel verdunkeln oder Heuschreckenschwärme und Sandstürme heraufbeschwören. Jede menschliche Tätigkeit, ob von einem Handwerker oder einem mächtigen Herrscher, wurde durch göttliche Kräfte beeinflusst.
Die Mesopotamier glaubten, dass auch eine Siedlung oder Stadt nur dann gedeihen konnte, wenn sich eine Gottheit dieses Ortes annahm.
Der Gott für die Stadt Uruk war eine Göttin, die Inanna, später Ischtar, genannt wurde.

Im Stadtzentrum von Uruk befanden sich zwei sehr große Tempelbereiche.
Einer davon, das so genannte Eanna-Heiligtum – Eanna bedeutet so viel wie „Himmelshaus“ – war der Göttin Inanna-Ischtar geweiht.

In den Tempelbereichen arbeiteten Priester, die mit Hilfe von Zeremonien und Opferritualen für das Wohl der Gottheiten sorgten. Dadurch hofften sie, deren Wohlwollen oder Beistand für die Stadt, die Menschen oder deren Taten zu erlangen.

Das Terrakotta-Relief aus dem Anfang des 2. Jt. v. Chr. zeigt die Göttin Inanna-Ischtar als kriegerische Gottheit mit Pfeil und Bogen und einem Sichelschwert. Sie steht auf dem Löwen, der ihr Begleittier ist. Am Sternenhimmel wurde der Planet Venus als Inanna-Ischtar gedeutet.

Die Abrollung dieses Lapislazuli-Rollsiegels zeigt die Göttin Ischtar, wie sie einem Helden im Kampf gegen einen Löwen hilft, indem sie den Löwen am Schwanz festhält. Das Siegel stammt aus der Zeit um 2000 v. Chr.

Gut zu erkennen sind die beiden Schilfringbündel. Solche Schilfringbündel sind auf vielen sumerischen Darstellungen als Symbol der Inanna-Ischtar zu finden.

Auch auf diesem Rollsiegel ist das Schilfringbündel als Symbol für Inanna-Ischtar gut zu erkennen. Daneben sind zwei vasenförmige Gefäße abgebildet, die die gleiche Form haben, wie das hier beschriebene Gefäß.

Bei den Ausgrabungen im Tempelbereich wurde ein prachtvolles Steingefäß gefunden. Auf diesem Gefäß sind in mehreren Bildreihen verschiedene Szenen zu sehen.
Ganz unten, oberhalb des Fußes, ist wellenförmig Wasser dargestellt. Darüber finden sich Getreidepflanzen.
Eine Etage höher ziehen Schafe ihre Bahn. Durch einen breiten leeren Streifen sind die nackten männlichen Gefäßträger von dem Bereich mit Wasser, Pflanzen und Tieren abgetrennt.
In der obersten Reihe ist vermutlich die Göttin Inanna-Ischtar dargestellt. Ihr werden verschiedene Gaben dargereicht.
Diese Bilder zählen zu den frühesten Darstellungen, auf denen Menschen einer göttlichen Macht Ehre erweisen.

Diese digitale Rekonstruktion zeigt, wie groß der Tempelbereich für Inanna-Ischtar war. Im Zentrum befindet sich ein Stufentempel, auf dessen oberster Ebene der heiligste Bereich gestanden hat.

Kleine Tiere – viele Fragen

Bemalte Rinderfiguren aus gebranntem Ton aus der Zeit um 5000 v. Chr. aus Uruk.

Spielzeug – Opfer – Abwehrzauber?

Auf diesen Seiten begegnest du verschiedenen Tierfiguren aus gebranntem Ton. Dargestellt sind Rinder, Dromedare und ein Reiter mit seinem Pferd. Sie stammen alle aus der Stadt Uruk.
Auch Schafe, Ziegen, Schweine, Bären und Raubkatzen wurden aus Ton geformt. Sie waren den Bewohnern von Uruk wichtig und wurden in speziellen Werkstätten massenhaft hergestellt.
Haben vielleicht Kinder mit den Miniaturtieren gespielt? Dafür sprechen die Löcher, die manche Rinderfigürchen in der Körpermitte aufweisen. Ein Modellwagen oder ein Mini-Pflug könnte dort befestigt worden sein.
Außer der Verwendung als Kinderspielzeug könnten die Figuren aber auch eine andere Funktion gehabt haben: Neben den Grundmauern eines Palastes in Uruk wurde eine kleine Hundefigur gefunden. Sollte das Hunde-Miniaturmodell als Sinnbild für Wachsamkeit eine Art Schutzzauber ausüben? Sollten mögliche Feinde oder vielleicht böse Geister damit abgewehrt und vom Palast ferngehalten werden?

Dromedar-Terrakotten aus der Zeit um 700 v. Chr.
Etwa ab 1100 v. Chr. nutzten die Mesopotamier Dromedare als Nutztiere. Sie transportierten Güter in Karawanen durch die Wüste.
Vielleicht hat man für einen erfolgreichen Verlauf der Karawane mit Hilfe solcher Figuren im Tempel zu den Göttern gebetet?

Terrakotta-Figur eines Pferdes mit Reiter aus der Zeit um 800 v. Chr. aus Uruk.

Es gibt noch eine weitere Idee, warum diese Minitierchen hergestellt worden sein könnten: Vielleicht dienten die Figürchen als Stellvertreter für echte Tiere, welche die Einwohner Uruks dem Tempel als Opfer oder dem Herrscher als Steuer zu bringen hatten. Damit könnte sich erklären, warum die Miniaturtiere in so großer Zahl in Uruk gefunden wurden und vermutlich in Massenproduktion hergestellt worden sind.

Möglicherweise haben die Priester im Tempel die Figuren in großen Mengen herstellen lassen und dann an den jeweiligen Bittsteller, zum Beispiel einen Karawanenführer oder einen Rinderzüchter, verkauft. Ähnlich dem noch heute üblichen Brauch, in der Kirche gegen eine kleine Spende eine Kerze zu entzünden, um mit ihrer Hilfe das Gebet oder die Fürbitte zu verstärken.

Probiere selbst einmal aus, wie schnell und einfach so eine kleine Tierfigur herzustellen ist. Nachdem du dir eine Tierform ausgesucht hast, nimmst du den Ton oder die Bastelknete aus dem Bastelgeschäft. Der Ton sollte schön weich und geschmeidig sein. Schneide dir ein handtellergroßes Stück daraus. Forme mit beiden Handflächen eine längliche Form und kneife dann mit Daumen und Zeigefinger Hals, Kopf und Beine heraus. Achte darauf, dass dein Tier hinterher auch stehen kann! Wenn du mit Ton arbeitest, dürfen die Beine, Hörner und alle anderen abstehenden Körperteile nicht zu dünn sein. Sie brechen sonst später sehr leicht ab, wenn die Tonfigur nur getrocknet und nicht gebrannt wird.

Wenn du mit deiner Tierfigur zufrieden bist, glätte die Oberfläche vorsichtig mit den Fingern. Anschließend lässt du die Tonfigur einige Tage trocken. Falls du dein Tontier noch verzieren möchtest, kannst du von einem Kohlestift etwas Schwarz abschmirgeln und das schwarze Pulver mit ein wenig Ton und Wasser vermischen.

Die dunkle Masse trägst du dann – zum Beispiel mit einem Wattestäbchen – in Punkten oder Streifen auf dein Tier auf.

Du kannst deine Tonfigur auch einfach mit dicken Filzstiften bemalen.

Ein Bild für jedes Wort ...

Aus Uruk stammt die älteste Schrift. Von dort aus hat sie sich in ganz Mesopotamien verbreitet. Sie ist vermutlich etwas älter als die Hieroglyphenschrift der Ägypter.

Die Zeichen wurden in kleine viereckige Kissen aus feuchtem Ton eingedrückt. Ton war leicht zu beschaffen und war der passende Beschreibstoff. Kein anderes Material hat Schrift bisher dauerhafter gespeichert. Wir können noch heute Texte lesen, die über 5.500 Jahre alt sind.

Aber wie wird eine Tafel mit eigenen Notizen zu einer Botschaft für einen Anderen? Beide, der Schreiber und der Empfänger der Botschaft müssen die Zeichen verstehen.

Einen besonders guten Grund dafür, dass sich die Schrift ausgerechnet in Uruk entwickelte, gab es auch:
Um 3500 v. Chr. war die Einwohnerzahl der Stadt auf etwa 40.000 Menschen angewachsen. Kein Beamter konnte sich da noch merken, wie viele Säcke mit Getreide am Markttag in die Stadt kamen, wie viele Stoffballen auf die Schiffe auf dem Euphrat verladen wurden oder wie viel Bier jeder einzelne Braumeister für das große Fest im Herrscherpalast geliefert hatte.

Eine Tontafel aus Uruk aus der Zeit um 3200 v. Chr. Sie enthält Mengenangaben für zwei verschiedene Getreidespeisen. Die Tafel ist noch in der frühen Schriftform mit Bildworten beschriftet. Jedes Bild steht für ein Wort. Die Kreise und Halbkreise sind Zahlzeichen, mit denen die Mengen angegeben wurden.

In dem großen Schriftfeld rechts unten sind zwei Schriftzeichen notiert:

Das Schriftzeichen  bedeutet „Kopf“ oder „Mensch“.

Das Zeichen  bedeutet „Brot“ oder „Portion“

Beide Zeichen zusammen  ergeben dann die Bedeutung „Verpflegung“ oder „Nahrung“.

Und waren alle Lieferanten für ihre Ware schon bezahlt worden?
Ohne Notizen und Merklisten konnte der rasant wachsende Wirtschaftsverkehr nicht mehrt kontrolliert werden.
Darum sind die ältesten bisher gefundenen Schriftstücke Aufzeichnungen über wirtschaftliche Vorgänge.
Am Anfang war es nicht so schwer, die Schriftzeichen zu verstehen. Es waren Bilder, die jeweils für ein Wort standen. Ein in den Ton geritzter Fuß bedeutet z.B. „gehen“.

Antike Lieferscheine

Denn Kontrolle ist besser!

Für das große Fest im Herrscherpalast hat der Küchenmeister 20 Krüge Bier und fünf Sack Gerste beim Braumeister, der seine Brauerei am Stadtrand von Uruk hat, bestellt.
Da der Braumeister weiter Bier brauen muss, kann er die Krüge nicht selber im Palast abliefern. Er bezahlt einige Träger, die das bestellte Bier für ihn ausliefern sollen.
Aber wie kann der Braumeister sicher sein, dass im Palast wirklich alle Krüge und Säcke ankommen und die Träger unterwegs nicht heimlich ihren Durst aus einem der Krüge löschen?
Zusätzlich zu der Ware schickt der Braumeister noch eine verschlossene Tonkugel auf die Reise. In der hohlen Kugel befinden sich 20 Zählmarken, in die das Zeichen für Bier geritzt wurde und fünf Zählmarken, die Gerste darstellten. Auf die Außenseite der Kugel drückt der Händler zur Sicherheit noch sein Siegel.
Wenn die Lieferung dann im Palast ankommt, kann der Küchenmeister kontrollieren, ob das Siegel auf der Kugel stimmt und die Kugel nicht aufgebrochen wurde. Wenn das der Fall ist, öffnet der Küchenmeister die Kugel und kann die Menge der gelieferten Bierkrüge und Gerstensäcke mit der Menge der jeweiligen Zählmarken vergleichen.

Solche Tonkugeln und Zählmarken sind aus Uruk bekannt. Manche Zählmarken sind durchlocht. Sie konnten wie Perlen auf einer Kette aufgefädelt werden. Die Kette wurde verknotet, der Knoten mit Ton ummantelt, versiegelt und die Kette dem Träger oder Sklaven mitgegeben.

Schreiber mit Griffel und Tontafel.
Detail eines Wandreliefs im Zentralpalast des Tiglat-Pilesar III. in Nimrud aus der Zeit um 730 v. Chr.

Von der Bilderschrift zur Silbenschrift

Verschiedene Schreibgriffel für mesopotamische Schriftzeichen.

Eine Idee setzt sich durch

Die frühe Schrift der Sumerer wurde für Wortlisten und Aufzählungen verschiedener Güter genutzt. Es war aber schwierig, die Zeichen mit runden Linien zu schreiben. Dazu brauchte man viel Geschick. Mit der Zeit veränderten die Schreiber die Schrift immer weiter, bis sie fast alle Zeichen ohne runde Linien darstellen konnten.

Je mehr Bildzeichen man verwendete, umso komplizierter konnte der Inhalt der Tafeln werden.
Trotzdem war es schwer, für manche Dinge ein passendes Zeichen zu finden.

Oder fallen dir sofort passende Zeichen für die Worte: „Traum“, „Schmerz“, „Schatten“ oder „Durchfall“ ein? Statt nur kurze Zeichen zu notieren, müsste es doch möglich sein, den Klang des gesprochenen Wortes aufzuschreiben!
Rind hieß z.B. auf sumerisch „gu“. Wenn man also die Sprache notieren möchte, muss man bei jedem Wort, in dem die Silbe oder der Klang „gu“ vorkommt, das Schriftzeichen für Rind aufschreiben.

	Rind	Portion	Kopf	Wasser	Stern
ca. 3200 v. Chr.		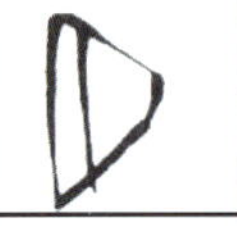			
ca. 3000 v. Chr.		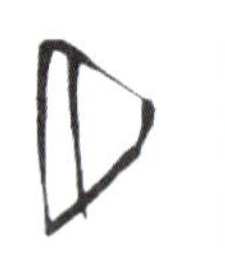			
ca. 2400 v. Chr.					
ca. 1200 v. Chr.	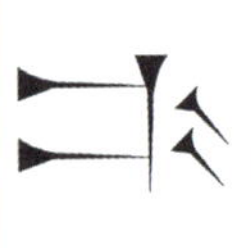				

Man könnte also auch den Begriff „Guten Morgen“ in Keilschrift aufschreiben, in dem man für die Silbe „Gu“ das Schriftzeichen für Rind verwendet und für die Silben „ten“ - „Mor“ - „gen“ die dazu passenden Keilschriftzeichen. Nachdem man das erkannt hatte, konnte man die Keilschrift nach und nach als eine Silbenschrift verwenden. Somit konnten dann alle Arten von Texten verfasst werden: Gesetzestexte, Gebete, Texte zur Medizin, Mathematik oder Sternenkunde oder auch Abenteuergeschichten, wie das Gilgamesch-Epos.

Für die Keilschrift benötigten die Schreiber ein Schreibgerät: einen Griffel. Er wurde aus Schilfrohr geschnitten und musste eine scharfe Kante haben. Nur Zahlen wurden anfangs noch mit einem runden Griffel geschrieben, später aber auch in Keilform.

Die neue Schrift der Sumerer, die später auch von den Babyloniern und Assyrern verwen-

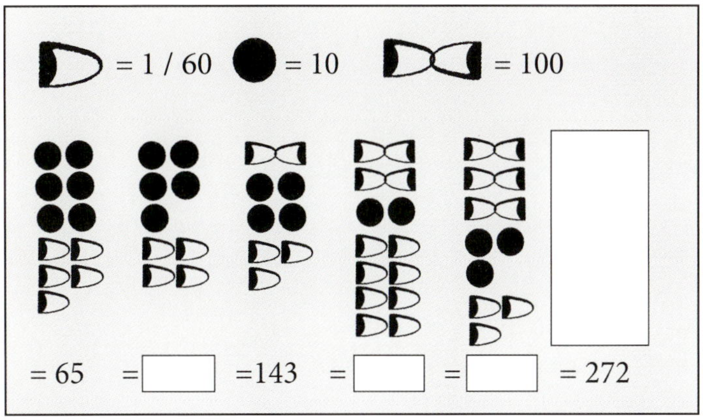

Zahlzeichen der älteren Schrift. Um sie aufzuzeichnen benötigte der Schreiber ein Griffelende mit rundem Querschnitt.

Tontafel aus der Zeit um 3500 - 3300 v. Chr. Die Liste verzeichnet in der alten, archaischen Schrift verschiedene Titel und Berufe.

det wurde, hatte außerdem auch einen großen Vorteil für den Fernhandel: Man konnte sie auch für andere Sprachen verwenden.

Auch unsere Schrift richtet sich nach dem Klang des gesprochen Wortes, nicht nach der Form der Zeichen (Buchstaben). Auch wir können ein und denselben Stift für Buchstaben und Zahlen verwenden. Auch mit unserer Schrift können viele verschiedene Sprachen aufgeschrieben werden.

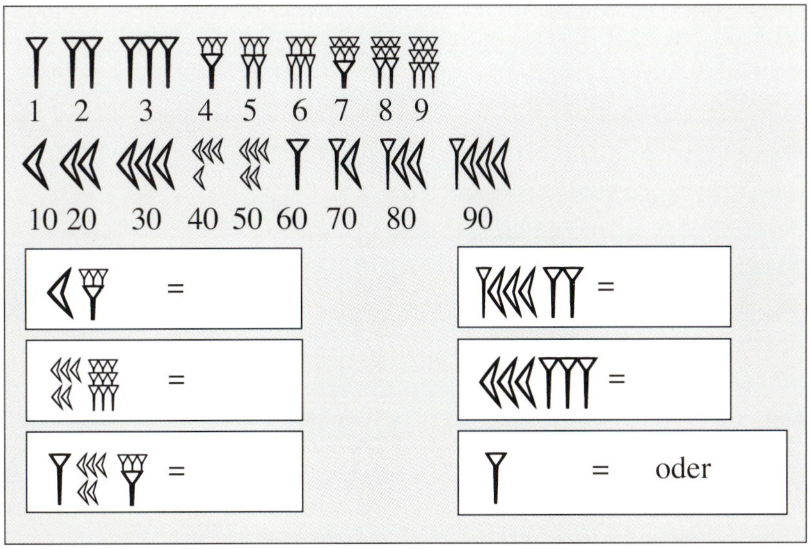

Die Zahlen in Keilschrift wurden mit dem gleichen Werkzeug in den Ton gedrückt, wie die Silbenzeichen. In dieser Schrift können Zahlen und Schriftzeichen mit dem selben Griffel geschrieben werden. Die Lösungen findest du auf Seite 44.

Mein gutes Recht ...

Für ein friedliches Zusammenleben von vielen tausend Menschen auf engem Raum benötigt man Regeln und Gesetze, an die sich die Menschen halten. Seit der Erfindung der Keilschrift konnten solche Regeln und Strafen aufgeschrieben werden.

Die berühmteste Gesetzessammlung aus Mesopotamien ist die Stele des Hammurapi.
Sie ist über zwei Meter hoch und wurde von König Hammurapi, der um 1790 v. Chr. einen kleinen Stadtstaat in Babylonien regierte und später über fast ganz Babylonien herrschte, aufgestellt.

Durch die verschiedenen, teilweise recht grausamen Strafen und Gesetze erfahren wir einiges über den Umgang mit Sklaven und Bürgern. Wir erfahren auch, welche Pflichten der Herrscher bzw. die Tempelpriester zum Schutz ihrer Untertanen hatten.

In den Paragrafen 22 und 23 ist festgelegt, wie bei einem Raubüberfall zu verfahren ist:

§§ 22, 23: Wer einen Raubüberfall verübt hat und gefangen wurde, der soll getötet werden. Wird der Täter nicht gefangen, soll das Opfer unter Eid angeben, was geraubt wurde. Die Stadt und der Bürgermeister müssen ihm das geraubte Gut dann ersetzen.

In ähnlicher Weise sorgte der Herrscher auch für seine Soldaten. Männer, die im Dienst des Herrschers standen, bekamen etwas Ackerland und Obstgärten aus dem königlichen Besitz übergeben. Mit der Bewirtschaftung des Landes konnten sie ihre Familien ernähren. Wurde der Soldat gefangen oder getötet, bekam sein Sohn das königliche Land, damit die Familie nicht verhungern musste. Blieb die Frau des Soldaten allein zurück, bekam sie immerhin noch ein Drittel des Ackerlandes und des Obstgartens, um weiterhin versorgt zu sein.

Der so genannte Codex Hammurapi ist eine über zwei Meter hohe Steinsäule, in die 282 Paragrafen eingemeißelt sind.
Das Bild am Kopf der Steinsäule zeigt die Szene, in der der Sonnengott und Hüter des Rechts, Schamasch, Hammurapi einen Herrscherstab überreicht.
Die Stele wurde bei Ausgrabungen in Susa im heutigen Iran im Jahr 1901 gefunden.

Soldaten, die auf einem Feldzug des Herrschers gefangen genommen wurden, sollten zunächst mit Lösegeld freigekauft werden. Wenn in der Familie des Soldaten aber nicht genug Werte dafür vorhanden waren, musste ihn der Tempel seiner Stadt auslösen. War auch der zu arm, musste der Herrscher selbst das Lösegeld für den Soldaten aufbringen.

Die Umzeichnung eines Details aus dem Felsrelief von Bisutun zeigt gefangene Könige und Aufständische. Auffällig ist, dass jeder Gefangene anders aussieht. Jeder Gefangene scheint aus einem anderen Land zu stammen. Möglicherweise soll das Bild zeigen, dass der siegreiche Herrscher nicht nur ein einziges Reich erobert hat, sondern viele verschiedene Länder besiegt hat. Das Bisutun-Relief in der Nähe des Ortes Bisutun (Behistan) im Nordwesten des Iran wurde in etwa 60 m Höhe in eine Felswand gemeißelt. Außer den Abbildungen des Königs und der Gefangenen wurden Texte in drei Sprachen in den Fels gehauen. Diese Texte haben eine große Rolle bei den ersten Entzifferungen von Keilschrift vor fast 200 Jahren gespielt.

Die Strafen in der Gesetzessammlung des Hammurapi sind abhängig davon, welchem Stand Täter oder Opfer angehörten:

§ 196, wenn ein Bürger das Auge eines anderen Bürgers zerstört hat, so zerstöre man sein Auge;

§ 197, wenn er den Knochen eines Bürgers gebrochen hat, so breche man seinen Knochen;

§ 198, wenn er das Auge eines Halbfreien zerstört hat oder den Knochen eines Halbfreien bricht, so zahle er 1 Mine Silber;

§ 199, wenn er das Auge eines Sklaven zerstört oder den Knochen des Sklaven gebrochen hat, so muss er die Hälfte von dessen Kaufpreis bezahlen.

Wie bei vielen Gesellschaften in vorgeschichtlicher Zeit, gab es auch in Uruk und dem übrigen Mesopotamien Sklaven. Menschen aus besiegten oder eroberten Ländern wurden versklavt.
Aber auch Bürger des eigenen Staates konnten zu Sklaven werden. Wer zum Beispiel hohe Schulden hatte, konnte sich, seine Frau oder seine Kinder in die Sklaverei verkaufen und mit dem Erlös vielleicht seine Schulden begleichen. Als Sklave musste man zwar sehr hart arbeiten und hatte nur wenige Rechte, aber man musste wenigstens nicht verhungern.
Wie wichtig Sklaven für eine funktionierende Wirtschaft waren, zeigt sich darin, dass man mit der Todesstrafe rechnen musste, wenn man einem Palastsklaven zur Flucht verhalf:

§ 15, wenn ein Mann veranlasst hat, dass ein Sklave oder eine Sklavin des Palastes oder eines Angestellten des Palastes zum großen Tor der Stadt hinausgeht, so soll er getötet werden.

Wie wenige Rechte Sklaven hatten, zeigen die drastischen Strafen, die Sklaven erhielten:

§ 205, wenn der Sklave eines freien Bürgers einen anderen Bürger ohrfeigt, soll das Ohr des Sklaven abgeschnitten werden.

§ 282, sagt ein Sklave zu seinem Herren: „Du bist nicht mein Herr!“, soll sein Ohr abgeschnitten werden.

Die Löwenjagd der Könige

Löwen waren in der Antike in vielen Ländern verbreitet, auch in Mesopotamien. Sowohl die Steppe, als auch die Berggebiete waren Lebensräume der Löwen. Sie waren eine ständige Gefahr für die Bewohner.

Seine Untertanen zu schützen, gehörte zu den Aufgaben eines guten Herrschers. Die sehr gefährliche Löwenjagd war gut geeignet, um dem Volk zu zeigen, dass der König sich um sie kümmert und vor Gefahren bewahrt.
Viele Herrscher ließen daher Statuen und Reliefs anfertigen, die den König bei der Löwenjagd zeigen.
Eine der ältesten Darstellungen einer Löwenjagd stammt aus Uruk. Sie schildert zwei Varianten der Löwenjagd: Das untere Relief auf der Stele zeigt, wie der Herrscher Löwen mit Pfeil und Bogen beschießt.
In der oberen Hälfte erlegt er den Löwen mit einer Lanze. Die Löwenjagdstele erzählt also eine Geschichte.

Die Löwenjagdstele stammt aus Uruk und wurde etwa 3000 v. Chr. hergestellt. Sie zeigt zwei Jagdszenen, in denen ein Herrscher Löwen bekämpft. Einmal mit einer kurzen Lanze und einmal mit Pfeil und Bogen.

Dieses etwa fünf Meter große, fast vollplastische Relief zeigt ein gottähnliches Wesen, das einen Löwen würgt. Figuren, die von vorne dargestellt wurden, waren fast immer Könige oder Götter. Normale Menschen wurden immer nur im Profil, also von der Seite aus betrachtet, dargestellt. Häufig wird diese Figur fälschlicherweise als Darstellung des sagenhaften Königs Gilgamesch beschrieben.

Die Löwenjagd wird auch im berühmten Gilgamesch-Epos erwähnt: Nachdem Gilgameschs Freund Enkidu an der von den Göttern gesandten Krankheit gestorben ist, ist Gilgamesch sehr traurig.
In seiner Trauer versucht er Enkidu vom Tode zu erwecken, indem er ihn auffordert, mit ihm gemeinsam auf die Löwenjagd zu gehen.

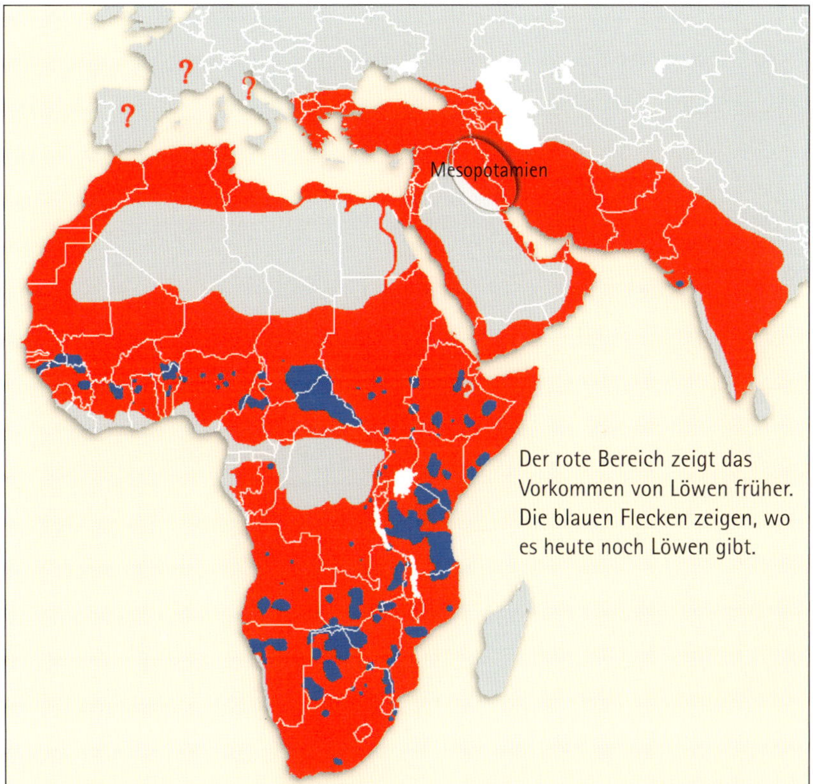

Der rote Bereich zeigt das Vorkommen von Löwen früher. Die blauen Flecken zeigen, wo es heute noch Löwen gibt.

Früher kamen Löwen nicht nur in großen Teilen Afrikas vor, sondern auch in Südeuropa, Vorderasien und Indien. Um 5500 bis 3000 v. Chr. sollen sie sogar im heutigen Ungarn vorgekommen sein. Geschichtsschreiber der Antike berichten von Löwen in Griechenland und in Kleinansien.
In Spanien wurden Löwenknochen gefunden, die aus der Zeit um 500 v. Chr. stammen. Man weiß aber nicht, ob diese Knochen von wilden Löwen stammen oder von einem Tier, das für Zirkusspiele eingeführt wurde.
Man nimmt an, dass die Menschen den Löwen in Europa etwa um 100 n. Chr. ausgerottet haben.
Die Karte zeigt, dass Löwen fast überall in Mesopotamien vorkamen.

Heute ist die Verbreitung auf wenige Gebiete in Afrika beschränkt.
Löwen sind anpassungsfähig und kommen in verschiedenen Landschaften vor. Am wohlsten fühlen sie sich in der Savanne. Sie könnem aber auch in Trockenwäldern und Halbwüsten leben. In dichten, feuchten Wäldern oder sehr wasserarmen Wüsten gibt es keine Löwen.
Den Löwen als „König der Wüste“ oder „König des Dschungels“ zu bezeichnen, ist daher falsch.

Dieses Terrakotta-Relief zeigt Gilgamesch und seinen Freund Enkidu im Kampf mit dem Himmelsstier.
Der Stier war von der Göttin Ischtar gesandt worden, um Gilgamesch zu töten. Ischtar war sehr enttäuscht von Gilgamesch. Sie hatte sich nämlich in Gilgamesch verliebt, aber Gilgamesch wollte nichts von ihr wissen.
Das Relief stammt aus der Zeit um 1800 v. Chr.

Gilgamesch – vom wilden Helden zum weisen König

Das Gilgamesch-Epos ist eine der ältesten überlieferten Dichtungen der Menschheit. Viele Teile dieser Dichtung sind an unterschiedlichen Orten und in unterschiedlichen Sprachen abgefasst worden. Sie werden heute in zahlreichen Museen der Welt verstreut aufbewahrt.

Aus den verschiedenen Tontafel-Fragmenten konnten die Forscher nach und nach eine zusammenhängende Geschichte rekonstruieren: Held der Geschichte ist der legendäre König Gilgamesch, der zu zwei Dritteln ein Gott und zu einem Drittel ein Mensch ist.

Gilgamesch ist als junger König ein recht wilder und grausamer Geselle, der sein Volk ordentlich ärgert.
Die Menschen beschweren sich deshalb bei den Göttern. Daraufhin erschaffen die Götter aus Lehm den wilden Kerl Enkidu, der zunächst bei den Tieren in der Wildnis

der Steppe vor Uruk lebt. Er soll Gilgamesch im Kampf besiegen und den ungehobelten König in die Schranken weisen. Der Kampf geht aber unentschieden aus und Enkidu und Gilgamesch werden zu besten Freunden.
Gemeinsam erleben sie zahlreiche Abenteuer – darunter auch die Reise zum Zedernwald und den Sieg über das Monster Humbaba, das den Zedernwald bewacht.
Als Gilgamesch die Göttin Ischtar, die sich in ihn verliebt hat, zurückweist und beleidigt, strafen die Götter ihn erneut. Sie sorgen dafür, dass Enkidu sehr krank wird und schließlich stirbt.
Der Tod des Freundes macht Gilgamesch sehr traurig. Er möchte nicht das gleiche Schicksal wie Enkidu erleiden und begibt sich auf eine lange Wanderschaft. Er will in der Fremde das Geheimnis des Lebens finden und die Pflanze der Unsterblichkeit suchen. Er findet die Pflanze, sie wird ihm jedoch durch eine Schlange gestohlen. So kehrt Gilgamesch schließlich mit leeren Händen, aber um viele Erfahrungen reicher, als weiser König wieder nach Uruk zurück.

Diese Geschichte verbreitete sich auch in vielen Ländern außerhalb Mesopotamiens. Es gibt Nacherzählungen und andere altorientalische Geschichten, die Ähnlichkeiten mit der alten Gilgamesch-Sage aufweisen. Dazu zählt auch die Bibel, in der ebenfalls ähnliche Episoden vorkommen – zum Beispiel die Sintflut-Geschichte.
Möglicherweise war das Epos in vielen Ländern des Alten Orients deswegen so beliebt und wurde immer wieder nacherzählt und aufgeschrieben, weil es Themen behandelte, die alle Menschen bewegen:
Echte Freundschaft, Erhebung der Menschen über die Macht der Götter, Sinn des Lebens, Tod und Unsterblichkeit.

Schlangensymbolik

In den alten Kulturen des Vorderen Orients war die Schlange das Symbol für Weisheit und Erleuchtung. Sie verstand die tiefen Geheimnisse des Lebens.
Im Gilgamesch-Epos ist es eine Schlange, die Gilgamesch die Pflanze der Unsterblichkeit raubt.
Dadurch gewinnt Gilgamesch die Weisheit und Einsicht, dass er sich nur dadurch unsterblich machen kann, dass er als guter und würdiger König in die Geschichte eingeht. Von da an wird Gilgamesch der gute Hirte und Beschützer seines Volkes und baut zu dessen Schutz eine mächtige Stadtmauer um seine Stadt.
Noch heute ist die Häutung der Schlange vor allem in Griechenland das Symbol von Wiedergeburt, ewiger Jugend und Unsterblichkeit. In einigen Regionen Griechenlands tragen daher manche Menschen ein Stück einer abgestreiften Schlangenhaut als Glücksbringer bei sich.

Wie eine Tontafel zur Sensation wurde

Bei archäologischen Ausgrabungen in der assyrischen Hauptstadt Ninive um 1850 kamen neben vielen anderen Funden auch zahlreiche Tontafelfragmente ans Tageslicht. Die Archäologen fanden dort die große Bibliothek von König Assurbanipal.
Mehr als 25.000 Keilschrifttafeln und Bruchstücke konnten die Forscher ausgraben.
Die Fundstücke wurden in Kisten verpackt und in das Britische Museum nach London gebracht.

Im Londoner Museum wurde damit begonnen, einige der Keilschrifttafeln zu entziffern. Weil man aber so viele Tafeln gefunden hatte, kamen die meisten erst einmal in das Magazin des Museums und blieben unbearbeitet.
Über 20 Jahre nach der Ankunft der Tontafeln in London bekam der Museumsmitarbeiter George Smith den Auftrag, alle Keilschrifttafeln zu sortieren und zu katalogisieren.
Viele Tafeln waren in mehrere Teile zerbrochen und mussten wie ein Puzzle zusammengesetzt werden. Smith konnte Keilschrift lesen und deshalb Texte, die zusammengehörten, erkennen. Auf einem Bruchstück entzifferte er:

... „dass das Schiff auf den Bergen von Nizir landete, dass die Taube ausgesandt wurde, dass sie keinen Ruheplatz fand und dass die daraufhin zurückkehrte."
George Smith fiel aus allen Wolken. Diese Szene kannte er aus der Bibel. Das war

Dieses Bruchstück einer Tontafel enthält vermutlich den berühmtesten Keilschrifttext, der bisher gefunden wurde.
Er erzählt die Geschichte einer großen Flut, die von den Göttern gesandt wurde, um die Welt zu zerstören. Eine Person, die bei den Sumerern Utnapischtim hieß, wurde aber vorher gewarnt. Er konnte noch ein großes Boot bauen, um zahlreiche Lebewesen für die Zeit nach der Flut zu retten.
Genau wie Noah in der Bibelgeschichte, sendet auch Utnapischtim Vögel aus, um erkunden zu lassen, ob irgendwo wieder trockenes Land zu finden ist. Diese und elf weitere Tontafeln, auf denen die Legende von Gilgamesch geschrieben steht, wurden schon um 1850 bei Ausgrabungen gefunden.
Das Tafelbruchstück ist nur 15 cm hoch und 13 cm breit. Es befindet sich heute im Britischen Museum in London.

genau die Textstelle, in der beschrieben wird, wie Noah nach der Sintflut nach Land sucht! Aber die Keilschrifttafel war etwa 500 Jahre älter als die ältesten bekannten Bibeltexte.
Das war eine Sensation. Alle Zeitungen berichteten über die Entdeckung von George Smith und machten ihn und mit ihm das Gilgamesch-Epos weltweit berühmt.

Dieses Bild ist eine Buchmalerei aus dem späten Mittelalter. Dargestellt ist der Moment, in dem die von Noah ausgesandte Taube zur Arche zurückkehrt. Der Zweig in ihrem Schnabel zeigt, dass die Taube endlich Land gefunden hat und Noah nun mit seinen Tieren an Land gehen kann.

George Smith (1840 - 1876)

Vom Hobbyforscher zum angesehenen Fachmann für Assyriologie

George Smith wurde 1840 in London geboren. Er war der Sohn eines einfachen Arbeiters und war schon mit 14 Jahren ein besonders begabter Graveurlehrling in einer Druckerei für Geldscheine.
Als Graveur musste er die kunstvollen Schriftzüge, Ornamente und Bilder in Druckplatten ritzen. Mit den Druckplatten wurden dann die Geldscheine gedruckt.
In seiner Freizeit interessierte sich George für die Geschichte der Sumerer. Selbst in den kurzen Mittagspausen während der Arbeit ging er ins Britische Museum und betrachtete fasziniert die alten Keilschrifttafeln. Er las viele Bücher darüber und brachte sich selbst die Keilschrift bei. Als namhafte Forscher und leitende Mitarbeiter des Museums erkannten, wie viel George über die assyrische Kultur wusste, wurde er ab 1861 zum freien Mitarbeiter des Museums und 1870 zum Assistenten der assyrischen Abteilung des Museums ernannt.

Nachdem George im Magazin des Museums die Tafel mit der Sintflutgeschichte entdeckt und übersetzt hatte, wurde er weltberühmt. Die große englische Tageszeitung „Daily Telegraph“ bezahlte George Smith eine Reise nach Ninive, wo er weitere Tafeln und Bruchstücke der Sintflutgeschichte suchen sollte. Eine Aufgabe, die mit der Suche nach der Nadel im Heuhaufen

vergleichbar ist.
Aber George Smith war tatsächlich erfolgreich und fand außerdem noch Tontafeln, die wichtige Informationen zur Geschichte des babylonischen Reiches enthielten.

Als Smith vier Jahre später erneut zu einer Ausgrabung in den Vorderen Orient aufbrach, erkrankte er auf der Reise und starb kurz darauf im Alter von 36 Jahren in der Nähe von Aleppo.

Die Zedern der Götter

In Uruk und anderen Städten in Südmesopotamien wurden schon vor über 5.000 Jahren große Tempel und Paläste errichtet. Dafür benötigte man gutes Bauholz.
Im Süden Mesopotamiens wuchsen vor allem Palmen, die aber nur ein sehr weiches Holz lieferten.
Für die Dachkonstruktionen der großen Gebäude war dieses Holz schlecht geeignet. Baumarten, die gut verwendbares Holz lieferten, wuchsen zum Beispiel im Norden Mesopotamiens oder im Libanon.

Zedernholz war das wertvollste Holz im Alten Orient. Die Bäume wachsen sehr gerade, werden sehr alt und liefern ein hartes und widerstandsfähiges Holz.
Zedern waren begehrt und das Holz deshalb sehr kostbar. Nur mächtige und reiche Herrscher konnten es sich leisten, Zedernholz über hunderte von Kilometern herbeizuschaffen und verarbeiten zu lassen.

Ein Kapitel des Gilgamesch-Epos beschreibt, wie König Gilgamesch zusammen mit seinem Freund Enkidu und 50 Gefolgsleuten zu einem weit entfernten Zedernwald reist. Aber bevor er die Bäume fällen kann, muss er zunächst das Ungeheuer Humbaba besiegen, das den wertvollen Wald bewacht.
Die Männer besiegen Humbaba, fällen die Bäume und transportieren sie auf dem Euphrat zurück nach Uruk.

Die Geschichte bringt zum Ausdruck, wie begehrt das Holz in der damaligen Zeit war: Der Zedernwald war nicht nur über 1.000 km vom Königspalast des Gilgamesch

Diese Maske aus gebranntem Ton stellt das Gesicht von Humbaba dar. Sie stammt aus der Zeit um 1800 bis 1700 v. Chr. Das Bild zeigt die Maske ungefähr in Originalgröße.

Diese Bild ist ein Ausschnitt aus einem Relief aus dem Palast Sargon II. in Assyrien (heute Chorsabad, Irak) aus der Zeit um 715 v. Chr.
Dargestellt ist der Transport von Zedernbalken auf und hinter einem Schiff. Die Reise scheint gerade beendet zu sein, denn der erste Balken wird bereits abgeladen.

entfernt. Er wurde außerdem von einem gefährlichen Ungeheuer bewacht. Man musste also sehr viel riskieren, um an das begehrte Holz zu kommen.

Terrakottarelief mit Darstellung von Gilgamesch und Enkidu im Kampf mit Humbaba. Das Relief stammt aus der Zeit um 1800 bis 1700 v. Chr.

Zedernholz war eines der wichtigsten Wirtschaftsgüter für den Libanon in der Antike. Neben den mesopotamischen Herrschern waren auch die Ägypter aus pharaonischer Zeit daran interessiert. Sie nutzten es als Bauholz und für den Schiffsbau.
Heute sind die Zedernwälder im Libanon, zu denen Gilgamesch in der Geschichte reist, bis auf einige Naturschutzgebiete abgeholzt.
Die Landesflagge des heutigen Libanon zeigt eine Zeder. Daran können wir die große Bedeutung der Zeder für dieses Land sogar noch heute erkennen.

Landesflagge des Libanon.

Die wenigen verbliebenen Zedernwälder im Libanon-Gebirge sind streng geschützt. Dieses Zedern-Wäldchen befindet sich im Naturschutzpark „Zedern der Götter".

Schwertransporte und Wegwerfartikel

Das Schwemmland in der Gegend um Uruk und in ganz Südmesopotamien ist fruchtbar. Es ist gut geeignet, um Getreide anzubauen und Vieh zu züchten.
Viel mehr bietet die Gegend aber sonst nicht. Alle anderen Rohstoffe und Waren, welche die Menschen in Uruk zusätzlich benötigten, mussten teilweise über weite Strecken herbeigeschafft werden.

Rekonstruktion eines Bootsmodells aus der Zeit um 700 v. Chr. mit moderner Rekonstruktion der ursprünglichen Bestückung eines Segelbootes. Vom Originalmodell ist nur der Rumpf aus gebranntem Ton erhalten geblieben.

Immerhin stand mit dem Euphrat ein ordentlicher Transportweg zur Verfügung.
Mit Booten konnten schwere Güter, wie Holz aus dem 1.000 km entfernten Libanon oder Steinmaterial aus dem etwa 2.000 km entfernten heutigen Oman, zumindest einen großen Teil der Strecke transportiert werden.
Aus dem ebenfalls etwa 2.000 km entfernten westlichen Hindukusch, dem heutigen Afghanistan, stammten Schmucksteine, zum Beispiel Lapislazuli.
Und Anatolien war auch nicht gerade um die Ecke, sondern ungefähr 1.500 km entfernt. Von dort wurden unter anderem Metalle importiert.

Und was hatte Uruk zu bieten, um all das einzutauschen? Zum Beispiel Textilien, manche aus tierischer Wolle gewebt, andere aus Pflanzenfasern hergestellt.
Stoffe aus Uruk hatten eine gute Qualität und wurden bis in weit entfernte Gebiete verhandelt.
Geschäfte wurden aber auch mit Getreide, getrocknetem Fisch, Haus- und Nutztieren und tierischen Produkten wie Fell,

Auf dieser Tontafel aus der Zeit um 1800 v. Chr. wird berichtet, dass Wolle von Schafen, die in Babylon geschoren wurden, zum Palast nach Uruk gebracht wurde.

Wolle und Leder gemacht. Zusätzlich wurden aus dem Fleisch von Tieren gewonnene Fettprodukte als Gegenwert für die benötigten Rohstoffe eingetauscht.
Vermutlich wurden auch Bier und getrocknete Früchte gehandelt.

Wenn keine schiffbaren Transportwege zur Verfügung standen, mussten die Waren über Land transportiert werden. Unsere Vorstellung von Kamel-Karawanen, die durch die Wüstenlandschaften ziehen, ist aber erst ab der Zeit um 1000 v. Chr. richtig.
Erst um diese Zeit wurde das Dromedar als Lasttier auch in Mesopotamien genutzt.

Davor hatte man vermutlich nur Esel – oder auf kurzen Strecken Rinder – als Lasttiere. Forscher haben herausgefunden, dass Esel schon um 5000 v. Chr. als Nutztiere von Menschen gehalten wurden.

Handelsreisen über mehrere tausend Kilometer waren sehr gefährlich und damit auch sehr teuer. Deshalb sind vermutlich nur in seltenen Fällen Händler aus Uruk oder Babylon bis zu den Fundorten der einzelnen Rohstoffe gereist. Wahrscheinlich haben sich entlang der wichtigsten Handelsrouten Stationen befunden, an denen die Waren von einem Zwischenhändler zum nächsten weitergegeben wurden. Jeder Zwischenhändler transportierte die Waren dann nur über einen Teil der Strecke.

Diese kleinen Keramikschalen werden von den Fachleuten Glockentöpfe genannt. Sie wurden in riesigen Mengen als Massenware hergestellt.
Die Schalen scheinen ein Wegwerfartikel gewesen zu sein, denn von ihnen wurden große Mengen gefunden, die völlig intakt sind.
Die Schalen sind fast alle ungefähr gleich groß. Es passt etwa eine Essensportion hinein. Gut möglich, dass die Glockentöpfe für die Essensausgabe an Arbeiter oder die portionsweise Verteilung von Nahrungsmitteln, zum Beispiel Getreide, Brot oder Brei, gedient haben. Wenn du dir das sumerische Schriftzeichen für Nahrung oder Portion auf Seite 20 anschaust, stellst du fest, dass die abgebildete Schale ein Glockentopf ist.

Mit Brief und Siegel

Die Idee, Botschaften oder Waren mit Siegeln vor unerlaubter Öffnung zu schützen ist so genial, dass sie sich bis heute erhalten hat. Selbst in deinem Haushalt wirst du mit Sicherheit ein Siegel finden. Stromzähler, Wasseruhren oder auch die Verbrauchszähler an Heizkörpern werden bis heute mit gesiegelten Plomben gesichert.

Tüllenkanne mit Rekonstruktion eines mit einem Siegelabdruck gesicherten Verschlusses.

Wasseruhr mit Verschlussplombe der Stadtwerke aus gesiegeltem Blei.
Darunter zwei rekonstruierte mittelalterliche Schriftrollen, die mit Siegellack verschlossen sind.

Auch der Ausspruch: „Darauf gebe ich dir Brief und Siegel“ verdeutlicht, dass eine Abmachung, die schriftlich festgehalten und zusätzlich noch mit einem Siegel gekennzeichnet ist, viel verbindlicher als eine mündliche Abmachung ist.

Siegelabdrücke auf Tontäfelchen an Gefäßverschlüssen, wie zum Beispiel bei der oben abgebildeten Tüllenkanne, wurden schon im 6. Jt. v. Chr. verwendet. Zusammen mit Zählmarken genügte dieses System etwa 3.000 Jahre lang, um Eigentum, Mengenangaben oder geschäftliche Abmachungen zu kennzeichnen.
Erst als Uruk sich um 3500 v. Chr. zu einer Großstadt mit mehreren zehntausend Einwohnern entwickelt hatte, mussten die Kennzeichnungs- und Zählsysteme verbessert werden.
Mit Rollsiegeln und der Entwicklung der Schrift fanden die Menschen das notwendig gewordene und bessere System, um die vielschichtigen Geschäftsvorgänge kontrollieren zu können.

Bedeutende Erfindungen – großes Wissen

Die schnell drehende Töpferscheibe (um 3500 v. Chr.): Mit ihr konnten Gefäße schneller und besser hergestellt werden. Voraussetzung für gleichartige Massenware.

Der Hakenpflug (4. Jt. v. Chr.): Mit ihm zieht man Saatfurchen in den Boden. In Mesopotamien wurden um 4000 v. Chr. auch Pflüge mit Saattrichtern verwendet, aus denen die Saatkörner automatisch in die Furche rieselten.

Sternenkunde: Auf mesopotamischen Rollsiegeln und Tontafeln sind verschiedentlich Himmelskörper dargestellt. Die Sumerer hatten schon vor etwa 5.000 Jahren ein großes astronomisches Wissen.

Verwendung des Rades (ca. 3500 v. Chr.): Dieses Terrakottarelief aus Uruk zeigt einen Streitwagen mit Fahrer. Es stammt aus der Zeit des 19. Jhs. v. Chr. und ist sicher nicht die älteste Darstellung des Rades.

Das Gilgamesch-Epos gilt als die älteste schriftlich verfasste Abenteuergeschichte. Möglich wurde dies durch ein Schriftsystem, das die Sumerer um 3300 v. Chr. erfunden hatten.
Etwa um die gleiche Zeit haben sie Rollsiegel verwendet, deren Abrollungen kleine Bildergeschichten erzählten.
Um für die Menschen im trockenen und warmen Klima ausreichend Nahrung produzieren zu können, entwickelten die Sumerer ein ausgeklügeltes Bewässerungsnetz, das aus dem Euphrat gespeist wurde. Neueste Forschungen in Uruk haben gezeigt, dass vermutlich auch die Stadt mit einem verzweigten Kanalsystem durchzogen war. Getreide- oder Nahrungsrationen wurden dort vor etwa 5.000 Jahren in schnell und einfach hergestellten Keramikschalen serviert, die teilweise nach nur einmaligem Gebrauch einfach weggeworfen wurden. Und Bier hat den Sumerern um 3500 v. Chr. auch schon geschmeckt. Ganz schön clever!

Die Erfindung der Schrift (ca. 3300 v. Chr.): Die Keilschrift ist vermutlich in Uruk erfunden worden und hat sich von dort aus über ganz Mesopotamien verbreitet.

Erfindung des Bieres (ca. 3500 v. Chr.): Seit dieser Zeit gibt es zumindest Belege für die Herstellung und den Konsum von Bier in Mesopotamien.

Bewässerung: Spätestens seit der Zeit um 3500 v. Chr. waren die Felder um Uruk mit einem ausgereiften Netz von Bewässerungskanälen durchzogen.

Erfindung des Rollsiegels (ca. 3500 v. Chr.): Die kleinen Zylinder erzählen kurze Bildergeschichten, wenn sie – zum Beispiel auf Wachs oder feuchtem Ton – abgerollt werden.

Erfindung des Wegwerfgeschirrs: So genannte Glockentöpfe aus Uruk (um 3500 v. Chr.). Die Schalen sind als Massenware in Erdmulden ausgeformt worden und vermutlich nach kurzem Gebrauch einfach weggeworfen worden.

Hochwohnen im flachen Land

Uruk war, wie alle Städte in Mesopotamien, überwiegend aus luftgetrockneten Lehmziegeln erbaut. Am Ufer des Euphrat gab es lehmige Erde und genug Wasser, um hunderttausende von Lehmziegeln herzustellen. Das trockene und warme Klima war für Bauten aus Lehm recht gut geeignet.

Trotz der guten Festigkeit der Lehmziegel mussten die Bauten in regelmäßigen Abständen ausgebessert werden. Sandstürme, gelegentlicher Regen und andere Witterungseinflüsse schadeten den Bauten. Die ständig wachsende Bevölkerung machte Umbauten und Erweiterungen notwendig. Häuser oder Paläste, die nicht mehr bewohnbar waren, wurden planiert und die Bewohner Uruks bauten an derselben Stelle ein neues Gebäude auf. So kam es, dass die Menschen sich regelrecht „nach oben wohnten". Viele Lagen einzelner Siedlungsschichten haben sich im Laufe der Jahrtausende gebildet. Die jüngsten Gebäude der Stadt standen immer weiter oben auf dem Schutt vorheriger Bauten.

Viele tausend Jahre später sind von den einst prächtigen Tempelanlagen, Palästen, der großen Stadtmauer und den zahlreichen einfachen Wohnhäusern nur noch meterhohe Lehmberge übrig geblieben. Sie gleichen kleinen Berghügeln in der sonst flachen Landschaft des Zweistromlandes. Schutthügel waren daher auch das einzige, was die ersten Ausgräber von der Megacity

Foto von der Entdeckung der Statuette eines „Priesterfürsten" in einem Gefäß in Uruk während einer der frühen Ausgrabungskampagnen.

Uruk an der Oberfläche vorfanden. Alle Spuren der einstigen Bewohner waren im Lehmschutt verborgen.

Erste archäologische Ausgrabungen fanden in Uruk ab etwa 1850 statt. Zunächst war es der englische Geologe William Kennett Loftus, der

dort Forschungen durchführte. Deutsche Wissenschaftler leiteten ab 1912 die Ausgrabungen in Uruk.
Die Arbeiten sind beschwerlich und gehen langsam voran. Bis heute sind erst fünf Prozent der gesamten Stadt Uruk erforscht.

Die politischen Verhältnisse im Land Irak, auf dessen Staatsgebiet sich Uruk befindet, machen Ausgrabungen zur Zeit unmöglich. Trotzdem wird weiter geforscht. Satellitenbilder werden ausgewertet und Messdaten, die mithilfe von Magnetfeldmessungen gewonnen wurden, bearbeitet. Sie machen Strukturen im Boden sichtbar, die auf Gebäude, Wasserkanäle oder Straßen hinweisen. Manches Geheimnis der uralten Metropole kann so vielleicht noch gelüftet werden.

Mit einem Magnetometer, der die Magnetfeldströmungen im Boden misst und sammelt wird die Oberfläche der Stadt abgegangen. Am Computer werden die gesammelten Daten in Karten umgewandelt. Mit dieser Methode lassen sich die eigentlich unter der Oberfläche verborgenen Strukturen der Stadt wieder sichtbar machen.

Die Bildmontage der Aufnahmen aus den frühen Ausgrabungskampagnen von 1912/13 und 1929/30 zeigt den Schuttberg der Eanna-Zikkurrat des 3. Jts. v. Chr. Die digitale Rekonstruktion des ehemaligen Gebäudes ist auf der Titelseite dieses Buches abgebildet.

Zeittafel zu Uruk und Mesopotamien

6000 v. Chr.	5000 v. Chr.	4000 v. Chr.	3000 v. Chr.

(um 6500 v. Chr.) Erste Verwendung von Siegeln und Zählmarken.

(um 5000 v. Chr.) Der Esel wird als Haus- bzw. Nutztier domestiziert.

(Zw. 5000 und 4000 v. Chr.) Der Hakenpflug zur Feldbearbeitung wird entwickelt. In Mesopotamien gibt es um 4000 v. Chr. auch Pflüge mit Saatkorntrichter. Aus ihnen rieseln die Saatkörner in die frisch gezogenen Furchen.

(um 4500 v. Chr.) Aus zwei kleinen Ansiedlungen am Euphrat entwickelt sich die Stadt Uruk.

(um 3500 v. Chr.) Das Rad wird erfunden. Auf schnell drehenden Töpferscheiben wird Keramik in Massenproduktion gefertigt.

(um 3300 v. Chr.) Älteste Zeugnisse von Schrift. In Uruk werden Rollsiegel verwendet. In Mesopotamien wird Bier gebraut.

(um 3100 v. Chr.) Die Stadt Uruk hat eine Fläche von etwa 2,5 qkm und zwischen 25.000 und 50.000 Einwohner.

(um 2900 v. Chr.) Die Fläche von Uruk ist auf 5,5 qkm angewachsen und wird nun von einer neun km langen Stadtmauer umgeben.

(um 2900 v. Chr.) Die sumerische Königsliste berichtet von einer großen Flut in Mesopotamien.

Steinzeit (ca. 2,5 Mio - 5500 v. Chr.)

Jungsteinzeit (ca. 10000 - 5500 v. Chr.)

Kupfersteinzeit (ca. 5500 - 3000 v. Chr.)

Frühe Bronzezeit (3000 - 2000 v. Ch

2000 v. Chr.	1000 v. Chr.	0	1850 n. Chr.

(um 2700 v. Chr.) Für diese Zeit ist ein König mit Namen Gilgamesch nachgewiesen.

(um 2500 v. Chr.) Aus der Bilderschrift hat sich in Form von Keilschrift eine Silbenschrift entwickelt. Mit ihr lassen sich nicht nur Gegenstände bezeichnen, sondern jeder mögliche Gedanke schriftlich festhalten.

(um 2500 v. Chr.) Aus älteren Geschichten, die sich um den sagenhaften König Gilgamesch ranken, wird das akkadische Gilgamesch-Epos zusammengestellt.

(um 1780 v. Chr.) König Hammurapi lässt 282 Paragrafen und Verordnungen in eine Steinstele meißeln und sie auf einem öffentlichen Platz aufstellen.

(um 1000 v. Chr.) Das Dromedar wird in Mesopotamien als Haus- bzw. Nutztier genutzt.

(um 1850) Erste Bruchstücke des Gilgamesch-Epos werden bei Ausgrabungen in der Stadt Ninive gefunden.

ronzezeit (ca. 3000 - 1150 v. Chr.)

Mittlere Bronzezeit (2000 - 1550 v. Chr.)

Späte Bronzezeit (1550 - 1150 v. Chr.)

Eisenzeit (ab 1150 v. Chr.)

Worterklärungen

Antike
Antike bezeichnet vor allem einen Zeitabschnitt des Altertums, der sich auf die Länder rund um das Mittelmeer bezieht. In Europa ist das ungefähr die Zeit zwischen 1000 v. Chr. bis etwa 500 n. Chr.
In den altorientalischen Kulturen des Nahen Ostens, das sind Ägypten, Mesopotamien, Assyrien und Persien, spricht man von der Antike etwa ab der Entwicklung der Schrift um 3300 v. Chr.

Codex Hammurapi
Der Codex Hammurapi ist eine über zwei Meter hohe Steinstele, in die 282 Paragrafen, Verordnungen und Strafen in Keilschrift eingemeißelt sind. König Hammurapi ließ sie anfertigen und aufstellen. Sie befindet sich heute im Louvre-Museum in Paris.

Domestizierung
Domestizierung oder Domestikation bezeichnet die Veränderung von Wildtieren oder Wildpflanzen durch den Menschen. Aus der wild vorkommenden Tier- oder Pflanzenart wird über lange Zeit eine Rasse oder Art gezüchtet, die mit dem Menschen zusammenleben kann. Das Tier wird zum Nutztier oder Haustier, die Pflanze wird zur Nutzpflanze. In dem Begriff „Domestizierung" steckt das lateinische Wort „domus" = Haus. Man könnte Domestizierung also mit „an das Haus gewöhnen" übersetzen.

Eanna-Bezirk / Eanna-Heiligtum
Eanna-Bezirk ist die Bezeichnung für den Gebäudekomplex für die Göttin Inanna-Ischtar in Uruk. „Eanna" bedeutet in etwa „Himmelshaus".

Enkidu
Enkidu ist ein Wesen, das im Gilgamesch-Epos vorkommt. Er wurde von den Göttern aus Lehm geschaffen und sollte den rücksichtslosen Gilgamesch besänftigen. Er wurde später zum besten Freund von Gilgamesch.

Epos
Ein Epos ist eine umfangreiche Erzählung. In der Antike ist Epos auch eine literarische Gattung wie die Lyrik (gereimte Dichtung) oder das Drama (eine Dichtung, die als Theaterstück aufgeführt werden kann).

Fruchtbarer Halbmond
Mit diesem Begriff wird die Gegend bezeichnet, die Teile des heutigen Israel, Jordanien, Syrien, Iran, Irak sowie den Oberlauf von Euphrat und Tigris umfasst. Hier gab es vermutlich die frühesten Formen von Landwirtschaft.

Gilgamesch (-Epos)
Gilgamesch ist eine Figur aus dem Gilgamesch-Epos und der Name eines Königs in Mesopotamien, der etwa um 2700 v. Chr. regiert hatte.
Bis heute ist nicht genau geklärt, ob der Gilgamesch auf der Liste der mesopotamischen Könige die gleiche Person ist, von der das Gilgamesch-Epos handelt.
In der in Keilschrift auf Tontafeln verfassten Geschichte, die nach Gilgamesch benannt worden ist, werden die fantastischen Abenteuer des königlichen Helden beschrieben.
In der Geschichte ist Gilgamesch ein Wesen, das zu zwei Drittel Gott und zu einem Drittel Mensch ist.

Hammurapi / Hammurabi
Hammurapi war ein mesopotamischer König, der zwischen 1792 und 1750 v. Chr. in Babylon regierte.

Inanna-Ischtar
Inanna-Ischtar ist die wichtigste Göttin der Großstadt Uruk. Sie wird häufig mit einem Stern, der Venus, oder auf einem Löwen stehend dargestellt. Ein weiteres Symbol für diese Göttin ist das Bündel aus Schilfrohr. Inanna ist der ältere, sumerische Name, Ischtar der jüngere, akkadische Name für die Göttin.

Jungsteinzeit
Die Jungsteinzeit ist die jüngste Epoche innerhalb der Steinzeit. Mit ihr endete um etwa 5500 v. Chr. die Steinzeit. Diese hat ihren Namen von dem hauptsächlich für Waffen und Werkzeuge verwendeten Material in dieser Zeit.
Mit der Kupfersteinzeit bezeichnen die Wissenschaftler eine Übergangsepoche, die nicht mehr zur eigrntlichen Steinzeit zählt. Sie bezeichnet ungefähr den Zeitraum, in dem die Menschen ihre ersten Erfahrungen mit Metallen deutlich verbesserten.

Levante
Levante bedeutet im Italienischen „Sonnenaufgang". Der Begriff steht für das „Morgenland", das Land, in dem die Sonne aufgeht. Die frühen italienischen Seefahrer verwendeten den Begriff als Zusammenfassung für die östlich von Italien liegenden Länder. Dazu gehören die griechische Halbinsel, die griechischen Inseln, die ans Mittelmeer grenzenden Küstengebiete der Türkei, Zypern, der Libanon, Israel, Palästina und Syrien.

Satellitenaufnahme
Eine Satellitenaufnahme ist ein Foto, das von einem Raumflugkörper aus sehr großer Höhe oder von außerhalb der Erdatmosphäre aufgenommen wurde.

Schiffbarer Transportweg
Mit schiffbaren Transportwegen werden Flüsse, Kanäle, Seen oder Meeresabschnitte bezeichnet, auf denen Schiffe fahren können.

Siegel
Mit einem Siegel soll die Unversehrtheit von Dokumenten, Gegenständen, Behältnissen oder Durchgangstüren sichergestellt werden. Hierzu wird mit Hilfe eines Abdruckes (z.B. von einem Stempel oder Rollsiegel) ein Zeichen oder ein Bild am Verschluss hinterlassen. Dieser Stempelabdruck muss so angebracht werden, dass das versiegelte Objekt nicht geöffnet werden kann, ohne das Zeichen oder Bild zu beschädigen. So kann der Empfänger des Behälters erkennen, ob das Gefäß geöffnet wurde, bevor es bei ihm ankam. In dem Wort Siegel steckt das lateinische Wort „sigillum" = Bildchen.

token(s)
token(s) ist die englische Bezeichnung für Zählmarken. Token(s) sind kleine, meistens aus Ton gefertigte, geometrische und mit Ritzungen versehene Objekte. Sie wurden ab etwa 6500 v. Chr. beim Warenaustausch oder Handel verwendet. Anhand der token konnte der Empfänger der Ware überprüfen, ob die gelieferte Ware vollständig war.

Wandrelief
Bei einem Wandrelief handelt es sich um eine künstlerische Darstellung, die fühlbar aus dem Hintergrundmaterial der Wand herausragt. Um dies zu erreichen, muss der Hintergrund um die Bilddarstellung herum teilweise abgetragen werden.

Warka
Warka ist der arabische Name der Stadt Uruk heute.

Zikkurrat
Die Zikkurrat ist ein stufenförmiger Turm. Bislang sind vor allem in Mesopotamien 15 Zikkurrat gefunden worden. Auch wenn die Zikkurrat eine gewisse Ähnlichkeit mit einigen ägyptischen Pyramiden hat, ist keine von ihnen eine Grabstätte. Bisher wurden nur bei zwei Zikkurrat Reste eines Tempels gefunden, der sich auf ihrer obersten Stufe befunden hatte. Bei dem in der Bibel im Alten Testament erwähnten Turm von Babylon handelte es sich wahrscheinlich um eine besonders hohe Zikkurrat.

Zweistromland
Mit Zweistromland wird die Gegend im heutigen Irak und Syrien bezeichnet, die zwischen den Flüssen Euphrat und Tigris liegt. Zweistromland ist die deutsche Übersetzung für Mesopotamien, einem Begriff der aus dem Griechischen übernommen wurde (méso potamós = zwischen Flüssen).

Abbildungsverzeichnis

Staatliche Museen zu Berlin, Vorderasiatisches Museum, Photo: Olaf M. Teßmer:
Seite: 1; 2 (u.); 5 (o.); 6 (m.); 9 (m.); 14 (m., u.); 15 (u.); 16; 17 (o.l.); 18 (o.); 19 (o.); 20; 21; 23; 24; 26 (o., m.); 27; 28 (o.); 32 (o.); 33 (o.); 34/35 (u.m.); 36 (u.); 37 (u.l, u.r.)

Deutsches Archäologisches Institut, Orient-Abteilung, Photoarchiv:
Seite: U1 (u.l.); 38 (o.); 38/39 (u.); U4.

Universität Heidelberg, Uruk-Warka-Sammlung des DAI, Foto: I. Wagner:
Seite: 18 (u.); 34 (o., u.l.); 35 (o.).

artefacts-berlin.de; wissenschaftliches Material: Deutsches Archäologisches Institut:
Seite: U1 (Digitalrekonstruktion);
4 (Digitalrekonstruktion Zikkurat);
12/13; 15 (o.); 17 (u.).

Satellitenaufnahme und digitale Rekonstruktionen, Seite 10:

- **Deutsches Zentrum für Luft- und Raumfahrt e.V.**
- **Deutsches Archäologisches Institut, Orient-Abteilung**
- **IKONOS Satellite imagery kindly provided by European Space Imaging**
- **artefacts-berlin.de.**

The Trustees of the British Museum:
S. 17 (o.m.); S. 21 (r); S. 30.

Wikipedia Commons:
Seite:
6/7 - Foto: Ad Meskens
7 (m.) - Foto: Hanai
9 (u.) - Foto: Botarus stellaris
26 (u.) - Foto: The Lilac Breasted Roller
27 (Karte) - Tommyknocker/Magnus Manske
28/29 - Foto: Danleo
31 (o.) - Speculum_Darmstadt_2505_05r
31 (m.) - Illustrated London News, April 10, 1875
32 (u.l.) - Foto: Jastrow
33 (u.) - Foto: Jerzy Strzelecki
35 (m.) - Foto: Priwo
36 (o.r.) - Scan: Shai
37 (m.l.) - Foto: Sebastianjude

Flickr - Creative Commons 2.0:
Seite:
32/33 (u.m.) - Foto: jacilluch (Jacinta lluch Valero)

Pixelio.de - Daniela Drischerl:
Seite 35 (Urkunden)

ROSENI Verlag:
Seite:
4 (Karte); 5 (Landschaftscollage); 8 (Landschaftscollage); 7 (m.l.) - Foto: Susanne Birker; 19 (u.) - Foto: Martin Birker; 25 (o.) - Illustration Susanne Birker; 36 - Foto: Martin Birker; 33 (Flagge).

Seite 37 (o.): Foto: Maya Bolle

Seite 39 (o.): Foto: Jörg Fassbinder

Lösungen

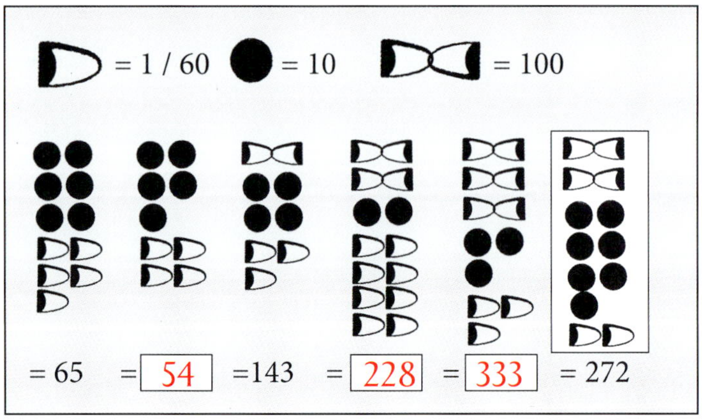

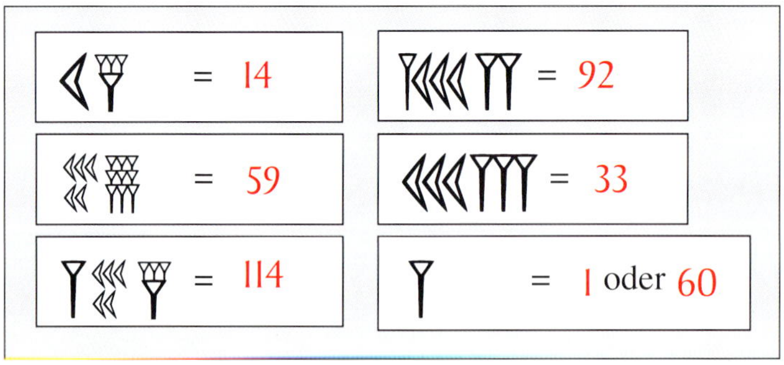